Das Yin und Yang des Klimawandels

Wie viel Zeit bleibt uns noch?

Christoph Maier

Verlag und Druck: tredition GmbH, Halenreie 40-44, 22359 Hamburg

ISBN
Paperback: 978-3-347-26645-6
Hardcover: 978-3-347-26646-2
e-Book: 978-3-347-26647-9

Vorwort:

Grüß Gott! Mein Name ist Christoph Maier. Ich bin 38 Jahre alt und bin Rollstuhlfahrer. Ich habe mir überlegt, wie ich die Themen Umweltschutz und Tierschutz, meinen Lesern näher bringen kann.

Beides Themen, die mich sehr beschäftigen, weil ich denke, dass wir die Krise, in der wir derzeit stecken, nur dann bewältigen, wenn wir es schaffen, die Erde und den Menschen wieder in Einklang zu bringen.

Mit diesem Buch wünsche ich mir, euch gut zu unterhalten und euch vielleicht zum Nachdenken anzuregen.

Deshalb habe ich auch als Sonderkapitel eine kleine Geschichte für unsere jungen Umweltschützer geschrieben.
Ich möchte hier betonen, dass Sie darauf achten, dass die Geschichte der kleinen Krabbe Chris extra kinderfreundlich ist und der Rest meines Buches für die älteren Leser bestimmt ist, da einige brutale Vorgehensweisen von uns Menschen geschildert werden.

Jetzt hoffe ich nur, dass dieses Buch euer Bewusstsein für die Natur und unser Handeln erweitert und ihr dabei viel Spaß beim Lesen habt.

Kapitel 1: Klimawandel in der Corona-Pandemie

Die Auswirkungen des Klimawandels sind im Moment durch die Corona-Krise sehr deutlich zu spüren. Gab es diese Pandemieproblematik zuvor? Wie sind die früheren Generationen damit umgegangen? Haben wir daraus etwas gelernt, oder ist der Mensch selbst daran schuld, dass es zu dieser Pandemie gekommen ist?

Ich würde sagen, der Mensch ist zu 80 % an der Corona Pandemie selbst schuld (Keine faktisch belegte Zahl, lediglich meine Meinung). Schon alleine der hohe CO^2-Ausstoß auf unserem Planeten begünstigt die Ausbreitung der Pandemie. Dazu kommt die immer stärkere Abholzung unserer Wälder, was dazu führt, dass sich auch die Luftqualität rapide verschlechtert, was letztlich der Pandemie zu Gute kommt.

Ich bin fest davon überzeugt, dass der Mensch die Corona-Krise ausgelöst hat, aber der Mensch ist auch derjenige, der die Corona-Krise zurückdrängen kann. Nicht nur durch einen neuen Impfstoff, sondern durch Aufforstung, weil sich dann die Luftqualität in den Städten sehr schnell verbessern und wahrscheinlich die Zahlen der Corona-Infizierten sinken lassen würde. Wie in vielen Ereignissen der Geschichte, kann der Mensch aus seinen Fehlern lernen und es in Zukunft besser machen.

Die Frage ist, ob der Mensch diesen Prozess rechtzeitig erlernt, um unseren Planeten noch zu retten. Dabei wäre gar kein großes Handeln von uns Menschen notwendig. Wenn wir einige Bäume pflanzen würden, anstatt Parkplätze zu bauen und unsere Güter mit weniger CO^2-Ausstoß produzieren, dann können wir es schaffen, unseren Planeten zu retten bzw. die Ausrottung des Menschen zu verhindern. Die Natur ist in der Lage sich selbst zu erholen, aber für uns Menschen kann es dann zu spät sein. Mit unseren Taten zerstören wir in erster Linie unsere Spezies und nicht die Natur.

Der Todeskampf des Menschen wird schlimmer wie alle Krisen dieser Welt. Erstens weil jeder gegen jeden um das eigene Überleben kämpft. Zweitens, weil es Naturkatastrophen (wie Erdbeben und Zyklonen) gibt, bei denen es ebenfalls unzählige Todeszahlen geben wird.
Aber das Sterben der Menschheit geschieht keinesfalls schnell sondern sehr, sehr langsam. Ich könnte mir sogar vorstellen, dass wir in eine Zeit zurückfallen Anfang des 19. Jahrhunderts.

Nur durch ein gemeinsames Vorgehen, bei welchem alle Menschen an einem Strang ziehen, können wir unser Überleben sichern.

Kapitel 2: Kinder Umwelt und Plastik im Meer

Wie wichtig ist Umweltschutz für Kinder in unserer Gesellschaft?

Ich denke, Umweltschutz ist für Kinder in unserer Gesellschaft überaus wichtig, weil sie nur so die Welt in der sie leben besser kennenlernen und verstehen können.

Wenn man die Nachrichten extra kindgerecht aufbereitet d. h. den Kindern verschiedene Themen erklärt dann fördern wir auch ihr Interesse und sensibilisieren sie für diverse Maßnahmen, die man zum Schutze der Umwelt ergreifen kann. So können wir einer Arroganz und Faulheit in diesem Themengebiet entgegenwirken, die heute leider für allzu normal gehalten wird.

Das Thema müsste stärker in den Schulunterricht eingebunden werden, denn nur so lernen die Kinder die Erde auf der sie leben spielerisch verstehen und wie man, vielleicht auch nur mit kleinen Schritten, für ihren Schutz sorgen kann.

Wenn das Kind einen Plastikbecher achtlos wegwirft, muss diesem Kind gut verständlich vermittelt werden, dass der Plastikbecher, den das Kind gerade weggeworfen hat, äußerst umweltschädigend ist. Wenn das Kind zum Beispiel so früh wie möglich lernt, wie der Plastikmüll richtig entsorgt wird und dabei positive Bestätigung erfährt, stehen die Chancen gut, dass es als Erwachsener diese Verhaltensweisen beibehält.

Nur bei regelmäßiger Aufklärung und ständiger Wiederholung kann das Kind ein Umweltbewusstsein entwickeln, und, im besten Fall steckt das Kind ein anderes Kind mit seinem Ehrgeiz an, unsere Erde zu schützen.

Außerdem sollten Kinder im Alter von 12-14 Jahren die Möglichkeit kriegen an sogenannten Upcycling-Workshops teilzunehmen.

In diesen Workshops lernen Kinder spielerisch wie Sie aus altem wiederverwertbarem Material, etwas Neues und Kostenloses machen können. Dabei lernen sie ebenfalls die wichtige Lektion, dass man nicht ständig Geld ausgeben muss, um glücklich zu sein. Manchmal reicht kreatives Basteln, oder das Wissen, dass man etwas selbst erschaffen hat, was man im Nachhinein mehr schätzt und mit guten Erinnerungen verbindet.

Aber ich denke nicht nur die Kinder sollten etwas lernen, sondern auch wir Erwachsene sollten Vorbilder für sie sein.
Nicht nur der normale Bürger, sondern vor Allem auch die Politiker in der Europäischen Union und in Deutschland, was nach Vietnam der größte Plastikmüll-Exporteur der Welt ist.

Deutschland exportiert seinen Plastikmüll nach China dort landet es auf einer Deponie oder wird verbrannt, dass es zur schädlichen Nahrung für Kleinstlebewesen in unseren Meeren wird und die Wasserqualität drastisch verschlechtert.

Dieses Jahr landeten 13 Millionen Tonnen Plastik in unseren Meeren und das meiste Plastik bei uns kommt über die Flüsse.

Was heißt, wenn ich ein Stück Plastik in den Fluss schmeiße landet es nach einigen Wochen wahrscheinlich im Meer.
Mittlerweile gibt es heute sogar 5 große Plastik-Müllstrudel, die im Pazifik umherschwimmen und Millionen von Tonnen unseres Abfalls durchs Gewässer bewegen.

Kapitel 3: Der Walfang

Ein weiteres großes Problem in unseren Meeren, ist der Walfang.

Die japanische Regierung verdient mit dem Walfang Millionen und deklariert ihr Verhalten als Forschung. Ich kann verstehen dass der Walfang in Japan eine sehr große Tradition genießt, aber ist es das wert diese schönen majestätischen Tiere auszurotten?
Bei genauerer Betrachtung sind die Methoden der Walfänger einfach nur grausam. Mit sogenannten Sichtungsschiffen wird eine Walschule aufgespürt und dann der Standort an die Harpunenschiffe weitergegeben. Anschließend übernehmen diese Schiffe den Angriff mit ihren Harpunen. Obwohl z.B. der Blauwal mit einer Höchstgeschwindigkeit von bis zu 32 h/km schwimmt, kann er den Jägern nicht entkommen. Sobald der schwerverletzte Wal sich nicht mehr ausreichend wehren kann, befestigen sie ihn und lassen ihn einen Todeskampf von bis zu einer Stunde führen, während sie zu den Fabrikschiffen verfrachtet werden, wo sie letztendlich ausgenommen und für den Verkauf verpackt werden.

Manchmal frage ich mich woher der Mensch sich das Recht rausnimmt, anderen Lebewesen solche grausamen Dinge anzutun. Wenn es so weitergeht, wird es bald, die wahrscheinlich größten Tiere des Meeres, nicht mehr geben.

Kapitel 4: Die Fleischindustrie

Jetzt lassen Sie mich mal bitte über den Fleischkonsum und über Massentierhaltung sprechen.

Leider ist die Massentierhaltung ein großes Problem, das liegt daran, dass immer mehr Leute immer öfter Fleisch essen wollen. Da der Konsum von Fleisch stetig ansteigt, greifen zu viele Leute leider zu Billigprodukten und achten nicht darauf, wie das Tier gehalten oder geschlachtet wurde. Das liegt in erster Linie daran, dass das Geld knapp ist oder man zu schlecht informiert wurde. Es liegt an den Führungskräften unseres Landes, das zu ändern.

Ich persönlich habe nichts gegen Fleischesser, da ich selbst einer war, doch es ist wichtig darauf zu achten wo das Fleisch herkommt. Zwar war ich bereit dazu, für gute Haltungsbedingungen, somit gute Fleischqualität, einen höheren Preis zu zahlen, aber nicht jeder kann das. Tierquälerei sollte nicht die Norm sein und aus Geldnot gefördert werden. Beim Fleisch aus dem Supermarkt kann man sich nicht sicher sein, wie die Tiere gehalten wurden und wo das Fleisch herkommt.
Deshalb rufe ich die Menschen dazu auf, euch zu informieren, ob es in eurer Umgebung eine Möglichkeit gibt Fleisch aus guter Tierhaltung zu kaufen.

Seit ich das Buch über den Klimawandel schreibe, habe ich aufgehört, Fleisch zu essen. Da ich früher viel Fleisch gegessen habe und dann auf die Idee gekommen bin, ein Buch über den Klimawandel zu schreiben, habe ich mich gefragt, was ich die ganze Zeit gemacht habe. Es war für mich nicht schlüssig, ein

Buch über den Klimawandel zu schreiben und gleichzeitig abends mein Steak oder meine Wurstsemmel zu essen. Mir ist beim Schreiben des Buches sehr nahe gegangen, wie die Tiere leiden müssen. Deshalb habe ich beschlossen, nach diesem Buch kein Fleisch mehr zu essen. Wer sich kein teureres Fleisch leisten kann, dem gebe ich als Tipp mit auf den Weg, dass er es lieber sein lassen sollte. Gute Fleischqualität aus guter Haltung finde ich sehr wichtig.

Ich denke, wir Menschen können Tierfleisch essen, aber sind dazu verpflichtet, Tiere nicht ihr Leben lang zu quälen, nur um eine warme Mahlzeit auf den Tisch zu bekommen. Geben wir unser Bestes, gute Fleischlieferanten zu fördern, wenn wir die Möglichkeit dazu haben.

Kapitel 5: Das Frühstücksei

Wenn wir unser Frühstücksei essen, denken wir dabei an das Huhn?
Ich denke die meisten, die nicht damit aufgewachsen sind, tun das nicht. Woran sie auch nicht denken ist, dass bis zu 5 Millionen Legehennen in sogenannten Legebatterien gehalten werden und spätestens nach eineinhalb Jahren getötet werden.

In diesen eineinhalb Jahren ihres kurzen Lebens legt eine Henne 245 Eier, wobei die männlichen Küken als Abfall aussortiert und getötet werden.
Noch dazu hat das einzelne Huhn kaum Platz. Durchschnittlich sind es 400 cm2, was in etwa 2/3 einer A4-Seite entspricht.

Und damit sich die Hühner nicht selbst verletzen, wird Ihnen mit einem heißen Werkzeug unter großen Schmerzen der Schnabel gestutzt.

Kapitel 6: Pelzindustrie

In diesem Kapitel von meinem Buch soll es um die Pelzindustrie gehen, und um die Lebensbedingungen der Tiere.

Die drei größten Fellproduzenten sind die Volksrepublik China, Finnland und Norwegen.
Die Volksrepublik China behauptet, dass sie den Tieren eine artgerechte Haltung bieten können. Berichte aus dem Fernsehen, und meine eigenen Internetrecherchen sprechen eine andere Sprache.

Offenbar sind bis zu 13 Tiere in Käfige gesperrt, die gerade einmal 2 m² groß sind. Außerdem haben die Tiere keinerlei erhöhte Liegeflächen in den Käfigen, sodass sie sich bequem hinlegen könnten. Sie stehen in diesen engen Drahtkäfigen und können sich kaum bewegen.

Ein viertes Land, das Pelze produziert ist Polen und auch in Deutschland gibt es 9 Pelzfarmen. Dort stehen die Tiere, ebenfalls in engen Drahtkäfigen und haben auch keine erhöhten Liegeflächen, o. ä. Rückzugsmöglichkeiten.

Wenn die Tiere sechs Monate alt sind werden sie getötet, und das passiert meist auf sehr grausame Weise. Entweder man quält sie bis zu Tode mit einem Stromschlag, wie in China, oder man tötet sie mit einer Tötungsmaschine, wie in Norwegen.

Bei dem norwegischen Verfahren werden die Tiere in Maschinen gesetzt, in die Autoabgase eingeleitet werden und in innerhalb von zwei bis drei Minuten die Tiere betäubt. Nach vier Minuten sind sie tot.

Die Händler erzählen uns Verbrauchern dass es Kunstpelz sei, nur das stimmt leider in den seltensten Fällen. Seit 1994 gibt es eine Gegeninitiative mit dem Slogan „Lieber nackt als Pelz!"
Wenn man sich jetzt eine Jacke mit Pelzkragen kaufen will, steht zwar drin, dass es sich um Pelz handelt, aber nicht von welchem Tier, oder wie das Tier gelebt hat bzw. gehalten wurde. In vielen Fällen gibt es gar keine Kennzeichnung, obwohl es sich um Tierhaare, sprich Fell handelt.
2006 wurde eine Verordnung mit klaren Vorgaben zur Tierhaltung von Pelztieren eingeführt. Diese ist in allen Ländern ähnlich und doch herrscht überall Tierquälerei.
Weiterhin gibt es ein Label „Origin Assured Farmed Fur" das für gesicherte Herkunft, strikte nationale Vorschriften und Standards zur Herstellung von Pelzen steht, was jedoch auch wiederum von mehreren Quellen (z.B. PETA) in Frage gestellt wird.
Deshalb stehe ich und jeder Verbraucher in der Pflicht auf Kunstfelle zurückzugreifen oder keine Pelze mehr zu kaufen. Die Europäische Union sollte die Pelzproduzenten die Pelze nach Deutschland exportieren, sehr streng kontrollieren, sodass nur noch Pelze in die EU gelangen von Tieren, die sehr gut behandelt wurden, oder noch besser von Wildtieren.
Wir können schon viel über die EU schimpfen, aber am Ende sind wir es doch, die das Verhalten den Tieren zuliebe ändern müssen. Und zwar alle, weil Tierschutz bedeutet Menschenschutz.

Kapitel 7: Die Industrialisierung

Die Ausrottung des Menschen hat mit der Industrialisierung angefangen.

Mit der Industrialisierung hat der Mensch begonnen Kriege zu führen, und Treibstoffe für Autos und Flugzeuge zu produzieren. Sich über Gebietsansprüche von anderen Völkern hinwegzusetzen und anschließend immer mehr Produkte immer schneller zu produzieren lässt die Frage aufkommen, ob die Ausdehnung des Menschen wirklich so gut war?

Hätte die Industrialisierung nicht stattgefunden, würde es der Menschheit wahrscheinlich besser gehen. Damit meine ich nicht unbedingt die Menschen mit Behinderung, sondern eher die gesamte Menschheit. Es ist meiner Meinung nach ein großer Fehler, dass wir erst jetzt begonnen haben etwas zu verändern, weil Corona uns daran erinnert hat, wo wir doch schon viel früher hätten handeln müssen. Corona ist das Ergebnis unserer Unachtsamkeit und zu späten Einsicht.

Mir kommt es so vor, als würde jetzt erst durch die Corona-Pandemie der technische Fortschritt gebremst. Dann frage ich mich doch, wie lange muss die Pandemie anhalten, bis der Mensch zur Vernunft kommt?

Dadurch, dass der Mensch jetzt zum Beispiel Elektroautos produziert, da er unter Druck geraten ist lässt dessen Lippenbekenntnis sehr zweifelhaft wirken, da die Akkus (durch Cobalt) von Elektroautos nicht besonders klimafreundlich sind, aber der Mensch sein Gewissen beruhigen kann und den Irrglauben verbreitet, er hätte damit etwas für den Klimaschutz getan. Diese Falschinformationen werden sogar noch von Regierungen unterstützt und gefördert, wobei es so viel bessere Techniken gibt Kraftfahrzeuge zu betreiben (z.B. die Wasserstoffautos, oder Autos mit CNG-Antrieb).

Trotz der umweltfreundlicheren Alternativen bekommen lediglich Elektroautos im Wert von 15.000 € einen Zuschuss der Regierung von 8.000 €, während Bürger, die ein Auto mit CNG-Antrieb kaufen für den vollen Preis aufkommen müssen. Obwohl sich heute viele Menschen für eine umweltfreundliche Alternative entscheiden wollen, kaufen sie mit blindem Vertrauen Elektroautos, anstatt die 7.000 € Eigenanteil in die Umrüstung von Wasserstoff- oder CNG-Antriebe zu investieren. Was viele nicht bedenken ist, dass Akkus von Elektroautos spätestens alle 2-3 Jahre gewechselt werden müssen und Neue nicht ganz billig sind.

Zuletzt frage ich mich, ob die Regierung sich vielleicht von der Autoindustrie unter Druck gesetzt fühlt, diese zu unterstützen, obwohl sich alle Beteiligten darüber Bewusst sein sollten, dass das Geld hätte besser investiert werden können und müssen, wie in meine bereits aufgeführten Beispiele.

Kapitel 8: Alternative Treibstoffe

Welche alternativen Treibstoffe gibt es für die Mobilität, in Deutschland bzw. auf der ganzen Welt?

Für Nutzfahrzeuge gibt es alternative Kraftstoffe, zum Beispiel Biodiesel, der aus Rapsöl gewonnen wird. Dann gibt es für Pkws das Autogas. Da haben wir aber das Problem dass es uns nicht ewig zu Verfügung steht. Und außerdem ist es ein Nebenprodukt vom Erdöl.

Weiterhin gibt es für Pkws Bio Ethanol, das in Deutschland aus vergorenen Getreide und Zuckerrüben gewonnen wird. Aus diesem Bio Ethanol könnte man sogar Treibstoff für Flugzeuge herstellen.

Man könnte zum Beispiel aus Windenergie, alternative Kraftstoffe erstellen und zwar zum Beispiel durch die Elektrolyse.

Jetzt lassen Sie mich mal kurz erklären was die Elektrolyse ist.
Die Elektrolyse ist ein chemischer Prozess. Bei diesem Verfahren erzwingt elektrischer Strom eine sogenannte Redoxreaktion. Die Katode ist die Klemme an der Strom ein elektronisches Gerät verlässt, die Anode ist die Klemme durch die elektrischer Strom in ein elektrisches Gerät fließt.

Ich denke, wir haben heutzutage viele und bessere Kraftstoffe auf dir wir zurückgreifen können.

Kapitel 9: Die Lebensweise der Indianer und Buddhismus

Was zeichnet die Lebensweise der Indianer aus?
An der Art wie die indianischen Völker mit der Natur umgehen fasziniert mich am meisten, der Umgang mit gejagten Tieren. Sie verehren sie und entschuldigen sich damit bei ihnen, sobald sie sie getötet haben. Und besonders auch, dass sie der Natur nur das nehmen, was sie wirklich zum Überleben brauchen, nicht mehr und auch nicht weniger.

Leider unterscheidet sich der moderne Mensch in dieser Hinsicht zu stark. Bei den sogenannten weißen Menschen ist der Profit im Vordergrund, was sehr schade ist.

Ich glaube viele Probleme die die Menschheit in der heutigen Zeit hat, könnten gelöst werden wenn wir uns das Verhalten der indianischen Völker etwas genauer anschauen würden, und diese Verhaltensweisen dann auf die moderne Welt übernehmen würden. Natürlich geht das nicht bei allen Dingen, aber würde zur Abwechslung das Leben – Nicht nur unser eigenes, sondern auch derer, die weniger haben und anderer Lebewesen, im Vordergrund stehen – statt immer nur auf Geld zu achten, würde die Welt vermutlich ein besserer Ort werden.

Dann wäre es auch für die Menschheit untereinander sehr viel leichter Krisen zu bewältigen, und das hätte schon manchen Konflikt wahrscheinlich entschärft.

Wenn die Indianer einen Baum gefällt, oder einen Büffel getötet haben, dann haben Sie sich für das Töten dieses Lebewesens in einer spirituellen Zeremonie bei dem Tier entschuldigt.

Eine andere große Kultur, die mich in diesem Punkt fasziniert, ist der Buddhismus. Für sie ist das Töten, oder ein in Auftrag gegebener Mord an Tieren falsch und soll für schlechtes Karma sorgen. Wer sich daran hält und in wie fern man das ernst nimmt, kann jeder für sich entscheiden. Dennoch lehrt der Buddhismus seine Umwelt zu schätzen, auf eine Weise, die mich tief beeindruckt.

Wenn sie die Tiere verehren, dann geht es dabei weniger um ihr Fleisch, sondern viel mehr um des Tieres willen. Eine Lehre, die auch an spätere Generationen weitergegeben wird.
Und das finde ich auch gut, weil wir so unsere Erde schützen und wertschätzen.
Wenn man bedenkt, wie wir heute mit Tieren umgehen, ist die Art, wie sich die Welt entwickelt hat, wirklich beschämend.

Ich denke Rituale, bei denen sich bei einem Lebewesen entschuldigt wird, wenn man es getötet hat, sind schon in vielen Kulturen unserer Erde verankert.

Aber so richtig hervorgehoben sind diese Rituale meiner Meinung nach erst bei der Lebensweise der Indianer und bei den Buddhisten, da viele von ihnen ohnehin schon vegetarisch leben. Wahrscheinlich steht auch etwas darüber in der Bibel, im Koran oder es wird bei anderen Glaubensrichtungen angesprochen, doch bisher ist mir kein Glaube auf diese Weise so aufgefallen, wenn es darum geht, diese Dankbarkeit auch offen zu zeigen, wie bei den Indianern.

Meiner Meinung nach, sollten Menschen dankbarer für das Tier sein, das sein Leben für sie gab. Wenn man einen Moment innehält, bevor man es verspeist, und sich in Gedanken entschuldigt und an das Tier denkt, dann schätze ich erweist man dem getöteten Lebewesen die Ehre, die ihm zusteht.

Kapitel 10: Menschen im Mittelalter

Sind die Menschen im Mittelalter mit der Natur besser umgegangen als unsere Generation heute?

Haben die Menschen im Mittelalter mehr Holz gebraucht um ihre Häuser zu bauen, um ihre Häuser zu heizen, oder ihre Fuhrwerke zu bauen? Ich denke schon, dass sie gegenüber der Natur ehrfürchtiger waren, als die heutige Generation.

Im Mittelalter mussten die Menschen der Natur alles abringen was sie zum Leben brauchten. Außerdem war die damalige Lebenserwartung der Menschen nicht so hoch, wie heute. Ein Mensch mit Anfang 50 war damals schon alt.

Zwar mussten die Menschen im Mittelalter ihrem Grundherrn Abgaben in Naturalien bezahlen, was damals sehr viel und schwer aufzubringen für sie war. Dennoch lebten sie zu dieser Zeit wahrscheinlich mehr mit der Natur als wir heute.
Wenn man sich eine Bauernfamilie in der damaligen Zeit etwas genauer ansieht stellt man fest, dass sie mit dem ersten Tageslicht aufgestanden sind, und mit dem letzten Tageslicht ins Bett gingen. Ihre Tage bedeuteten stets harte Arbeit.

Im Verlauf der menschlichen Entwicklung wussten wir es nicht besser und zerstörten dabei unachtsam unsere Erde. Heute haben wir dafür die Möglichkeiten es besser zu machen und Alternativen zu suchen, die der Welt deutlich weniger schadet.

Kapitel 11: Die Erde spricht

Wie wirkt sich die Corona Pandemie auf unsere Gesundheit aus, wirkt sie sich überhaupt aus?!

Ich denke doch die Menschen wurden bisher noch nie so dringend zum Handeln gezwungen, wie jetzt die letzten Monate. Ich habe mir ein paar Gedanken darüber gemacht, was die Erde uns sagen würde, wenn sie mit uns sprechen könnte und noch wichtiger, wir ihr endlich auch zuhören würden.

„Ihr Menschen sollt bedenken, was ich in Millionen von Jahren aufgebaut habe, habt ihr innerhalb von wenigen Jahrhunderten wieder zerstört.

Ihr habt meine Gewässer verschmutzt und meine Wälder zerstört, ihr habt Autos und Straßen gebaut, wo meine Freunde die Tiere leben und von euch überfahren werden.

Das macht mich sehr traurig, deshalb war die Corona-Pandemie die einzige Möglichkeit euch Menschen zur Vernunft zu bringen.

Corona wirkt sich negativ auf eure Atemwege, und andere innere Organe aus, was hoffentlich zu dringenden Gegenmaßnahmen zum Schutze der Natur aufruft. Jetzt werdet ihr krank und stellt fest, dass es so nicht weitergehen kann. Leider ist es für manche schon zu spät, doch für viele auch noch nicht. Denkt an die Zukunft, an eure Nachfahren, die mit diesem Wissen vorangehen und es hoffentlich besser machen können.

Ich hoffe, dass ihr nach Corona etwas liebevoller mit mir umgeht, und besser auf eure Heimat achtet, also im Einklang mit mir leben könnt."

Lernen wir daraus, gehen wir in die Eigenverantwortung, machen es besser als in der Zeit vorher, es kann und ist nur zu unserem Besten.

Kapitel 12: Klimawandel

Der Klimawandel wird durch die starke Erwärmung unserer Erde hervorgerufen, dabei kann es dann zu Überschwemmungen, sehr starken Stürmen, oder sehr großen Dürreperioden kommen. Da fällt mir der Rekord Sommer des Jahres 2013 ein, oder im Gegensatz dazu die Schneefälle in Barcelona des Jahreswechsels 2020/21. Oder auch die Überschwemmungen, die 2020 Italien heimsuchten.

Jetzt sollte man sich doch die Frage stellen, ob diese Ereignisse der Mensch selbstverschuldet hat und wenn ja, wie konnte es dazu kommen?

Ich denke, ja, da ich kein Lebewesen kenne, das so viel CO_2 in die Luft bläst wie der Mensch. Außerdem bin ich fest davon überzeugt, dass diese starken Wetterextreme noch immer weiter zunehmen werden.

Jetzt würde ich gern eine Frage an meine Leser stellen. Wenn sie dann das Buch zu Ende gelesen haben, können Sie sich selbst die Frage stellen: Glauben Sie, dass der Mensch den Klimawandel mitverantwortet?

Ich hoffe mit diesem Buch konnte ich Ihnen das Thema Klimaerwärmung und deren Schutz, etwas näher bringen.

Kapitel 13: Quellenangabe

Titelbild:
https://pixabay.com/de/photos/reiher-fische-trockenheit-d%C3%BCrre-684694/

Kapitel 2: Kinder Umwelt und Plastik im Meer
Plastikmüll im Meer: So könnten unsere Ozeane gereinigt werden - YouTube
Erklärvideo: Wie der Plastikmüll–Strudel im Pazifik entsteht - YouTube

---

Kapitel 3: Der Walfang
Green Heroes oder Meeres-Piraten? - Meeresschutzorganisation Sea Shepherd | Galileo | ProSieben - YouTube

---

Kapitel 4: Fleischindustrie
Was kannst du tun? Klimakiller Fleisch: Nachhaltiger Fleischkonsum ohne schlechtes Gewissen – geht das? - YouTube

---

Kapitel 5: Das Frühstücksei
https://www.huehner-info.de/infos/huehnerfabriken.php

Kapitel 6: Pelzindustrie
https://www.youtube.com/watch?v=j-B13C_6wQo
Planet Wissen - Das blutige Geschäft mit dem Pelz - YouTube
Protest gegen Pelze: Soko Tierschutz im Einsatz - YouTube

Kapitel 7: Die Industrialisierung
Alternative Antriebe - Ein Überblick - YouTube
Vergleich alternativer Antriebe - YouTube

Kapitel 8: Alternative Treibstoffe

Fahren mit Rapsöl, Biodiesel, Gas, Ethanol? Alternative Kraftstoffe | Doku | Gut zu wissen - YouTube
Alternative Treibstoffe fürs Auto - YouTube

Kapitel Extra Im Einklang mit der Natur
Alles rund ums Reisen - | ReiseTops
12 Indianer Weisheiten, über die dein Kind staunen wird! | NETPAPA
Die Indianer Nordamerikas - Büffel-/Bisonverwertung (indianerwww.de)

Kapitel 9: Die Lebensweise der Indianer und Buddhismus (Buddhismus: Buddhismus erklärt | Eine Religion in (fast) fünf Minuten - YouTube)
Buddhismus Vegetarier:
https://www.youtube.com/watch?v=wZ2HaHVPnbA

Kapitel 14: Die kleine Krabbe Chris

An einem schönen Sommertag fährt der kleine 6-jährige Max mit seinem Papa in den Urlaub. Der neugierige Max zappelt hibbelig auf dem Rücksitz und fragt: «Wo fahren wir hin, Papa? Wann sind wir endlich da?» Der Vater antwortet: «Lass dich überraschen!»

Nach langer Fahrt kommen sie endlich in Italien an. Sofort schmeißt Max seine Sachen ins Hotelzimmer und zieht seinen Papa an den Strand.
Sie verbringen noch einen schönen gemeinsamen Nachmittag am Wasser und grillen sogar später.
Als sie mit dem Grillen fertig sind und der Vater ihre Sachen zusammenpackt, will er, dass Max die Plastiktüte, in der das Fleisch war, in den Mülleimer schmeißt. Max guckt zu den Mülltonnen, die weit weg vom Wasser stehen und dann zum Meer gleich neben ihm. Es kommt ihm eine Idee, wie er seine Aufgabe viel schneller erledigen kann.
Sobald sein Papa abgelenkt ist, schmeißt Max die Plastiktüte und den anderen Müll ins Wasser und kehrt schließlich zusammen mit seinem Papa in das Hotel zurück.
Nachts, als Max im Bett liegt, fragt er sich, ob es so gut war, dass er den Müll nicht richtig entsorgt hat, weil sein Papa ihm ganz oft gesagt hatte, wie wichtig es ist, dass man seinen Müll richtig beseitigt. Er vergisst aber schnell sein schlechtes Gewissen und schläft ein, weil er glaubt, dass es auf das bisschen Abfall auch nicht ankommt.

In dieser Nacht schwimmt die kleine Krabbe Chris fröhlich und ahnungslos im Meer herum. Gerade spielte er noch mit einem alten Schwamm, da sieht ein neumodisches Ding. Neugierig klappert er mit seinen Scheren darin. Er glaubt mit ihnen könne er alles zerschneiden, aber die Tüte hat ihn fest im Griff. Er verfängt sich darin und je mehr er versucht die Tüte loszuwerden, desto schlimmer wird es.

Nach Hilfe suchend, wendet er sich an seinen Freund, den Seestern. Er erzählt der kleinen Krabbe Chris, dass die Menschen allerhand neue und gefährliche Sachen in die Flüsse werfen, die alle in ihrem Meer landen. Chris machen die Schauergeschichten seines Freundes Angst und er befürchtet, er kommt nie wieder aus dem Gefängnis der Plastiktüte heraus.

Am nächsten Tag wagt sich die Krabbe Chris mutig an die Oberfläche und möchte die Menschen zur Rede stellen, warum sie so bösartige Dinge tun. Keiner der riesigen Menschen achtet auf ihn und aus Angst vor ihnen, versteckt er sich hinter einen Felsen.

Max, der seinen Vater anbettelte nochmal an den Strand zu kommen, schaut, ob er irgendwo im Wasser noch seine Plastiktüte sieht. Da entdeckt er Chris, der sich immer noch nicht frei bewegen kann. Er läuft auf die Krabbe zu und sagt: «Hallo du, kann ich dir helfen?» Die Krabbe guckt zu dem Kind und freut sich, weil endlich jemand auf ihn achtet. «Ich glaube das ist meine Tüte.» spricht Max weiter und läuft rot an, als er die Krabbe auf seine Hand nimmt. «Deine? Warum schmeißt du sowas ins Meer? Habe ich dir irgendwas getan?» Die Krabbe ist verletzt und wütend und Max schämt sich. Er traut sich nicht zu sagen, dass er der Krabbe geschadet hat, nur weil er zu faul war, bis zum Mülleimer zu gehen. Die Krabbe erkennt, dass Max sich schämt, während er Chris hilft die Plastiktüte loszuwerden. «Zum Glück ist nichts schlimmeres passiert.» seufzt die kleine Krabbe. «Für dich ist das vielleicht leichter, aber meine Meeresfreunde und mich kannst du damit wirklich schwer verletzen.» Max wollte nie jemandem schaden. Er guckt zu den Mülleimern, die plötzlich gar nicht mehr so weit weg aussehen. «Es tut mir leid!» gibt Max seinen Fehler zu. «Ich verspreche, dass ich das nie wieder mache.»

Chris freut sich über die ehrliche Entschuldigung des Menschen und glaubt ihm, dass Max aus seinem Fehler gelernt hat. «Danke! Ich bin übrigens Chris.» «Ich bin Max.» sagt Max und freut sich, weil er einen neuen Freund gefunden hat. «Wollen wir zusammen im Wasser spielen?» fragt Chris und Max nickt aufgeregt. «Warte mal!» meint Max und springt auf.

Schnell läuft Max zu seinem Papa mit der Tüte in der Hand. Zusammen gehen die beiden zu den Müllereimern und Max lässt sich von ihm noch einmal erklären, welcher Müll wo reingehört. Er entsorgt die Plastiktüte so, wie er es von Anfang an hätte tun sollen und sein Vater tätschelt ihm stolz die Schulter. «Das hast du gut gemacht, Max.» sagt er zu Max und freut sich, dass sein Sohn sich endlich für seine Umwelt interessiert. «Ich spiele jetzt mit Chris, bis später.» Max winkt seinem Vater zu und läuft zum Wasser, wo sein neuer Freund, die kleine Krabbe Chris schon auf ihn wartet.

Ende

Kontaktdaten:

Im Folgenden findet ihr meine E-Mail-Adresse, unter der ihr mir gerne schreiben dürft. Ich würde mich sehr über konstruktive Kritik und positives Feedback zu bekommen.

E-Mail-Adresse: **rollchris@web.de**

Ich bitte euch, unabhängig davon, ob euch das Buch gefallen hat, einen respektvollen und höflichen Umgang zu bewahren, wenn ihr mir schreibt.

Danke für eure Unterstützung!
Euer Umweltschützer Chris.

Zeitfracht Medien GmbH
Ferdinand-Jühlke-Straße 7
99095 Erfurt, Deutschland
produktsicherheit@kolibri360.de